TARIF

DU

DROIT DE CONSOMMATION

SUR LES ALCOOLS

ET DU

DROIT DE CIRCULATION

SUR LES

VINS, CIDRES, POIRÉS ET HYDROMELS

Taxe de luxe de 30 %

1er AVRIL 1924

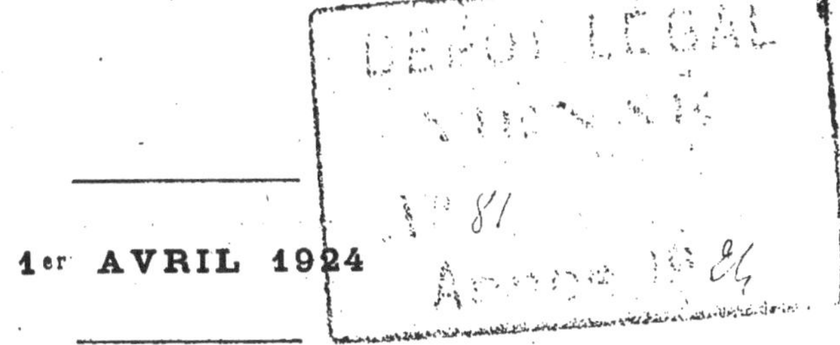

DROIT DE CONSOMMATION SUR L'ALCOOL

1 150 francs par hectolitre.

DROIT DE CIRCULATION :

Vins : 15 fr. par hectolitre.

Cidres, poirés et hydromels : 7 fr. 50 par hectolitre

Vendanges fraîches circulant hors de l'arrondissement de récolte et des cantons limitrophes, **38 fr.** par 3 hectolitres, ou **12 fr. 67** pour 1 hectolitre.

Fruits à cidre et à poiré circulant hors du canton de récolte et des cantons limitrophes, **2 fr. 70** par hectolitre de fruits frais.

Taxe de luxe sur les alcools : 30 %.

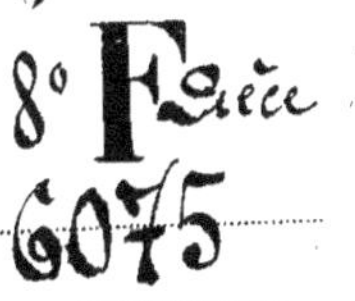

TARIF

DU

DROIT DE CONSOMMATION

SUR LES ALCOOLS

ET DU

DROIT DE CIRCULATION

SUR LES

VINS, CIDRES, POIRÉS ET HYDROMELS

Taxe de luxe de 30 %

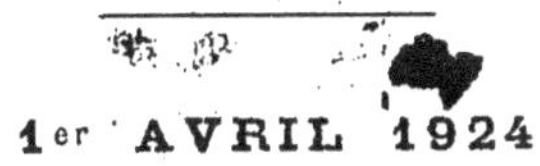

1er AVRIL 1924

BIBLIOTHÈQUE DES EMPLOYÉS DES CONTRIBUTIONS INDIRECTES

LIBRAIRIE ADMINISTRATIVE P. OUDIN

POITIERS

DROITS PERÇUS SUR L'ALCOOL

1.150 francs par hectolitre.

L'alcool pur contenu dans les eaux-de-vie, esprits, liqueurs et autres spiritueux doit, pour la perception des droits, les prises en charge, etc., être déterminé en centilitres, tant pour les vaisseaux d'une capacité supérieure à 10 litres que pour ceux de 10 litres et au-dessous.

Les tableaux ci-dessous (pages 3 et 6) ont été établis en conformité des prescriptions ci-dessus. Ils indiquent les droits dus sur une quantité quelconque d'alcool pur, de centilitre en centilitre depuis 1 centilitre jusqu'à 10 litres, de litre en litre jusqu'à 100 litres et d'hectolitre en hectolitre depuis 1 hectolitre jusqu'à 50 hectolitres.

Mode d'emploi des tableaux qui suivent.

Lorsque la quantité d'alcool sur laquelle on opère ne dépasse pas 10 litres, le premier tableau donne immédiatement et sans calcul le montant exact des droits à percevoir.

Pour les quantités supérieures, on prend dans les tableaux « *11 litres à 100 litres* » ou « *hectolitres* », le montant du droit correspondant complète s'il y a lieu celui des fractions à prendre dans le premier tableau.

QUANTITÉS	Droit	QUANTITÉS	Droit	QUANTITÉS	Droit	QUANTITÉS	Droit	QUANTITÉS	Droit	QUANTITÉS	Droit
lit. c	fr. c	lit. c	fr. c	lit. c	fr. c	lit. c	fr. c	lit. c	fr. c	lit. c	fr. c
0 01	0 12	0 31	3 57	0 61	7 02	0 91	10 47	1 21	13 92	1 51	17 37
02	0 23	32	3 68	62	7 13	92	10 58	22	14 03	52	17 48
03	0 35	33	3 80	63	7 25	93	10 70	23	14 15	53	17 60
04	0 46	34	3 91	64	7 36	94	10 81	24	14 26	54	17 71
05	0 58	35	4 03	65	7 48	95	10 93	25	14 38	55	17 83
06	0 69	36	4 14	66	7 59	96	11 04	26	14 49	56	17 94
07	0 81	37	4 26	67	7 71	97	11 16	27	14 61	57	18 06
08	0 92	38	4 37	68	7 82	98	11 27	28	14 72	58	18 17
09	1 04	39	4 49	69	7 94	99	11 39	29	14 84	59	18 29
10	1 15	40	4 60	70	8 05	1 00	11 50	30	14 95	60	18 40
0 11	1 27	0 41	4 72	0 71	8 17	1 01	11 62	1 31	15 07	1 61	18 52
12	1 38	42	4 83	72	8 28	02	11 73	32	15 18	62	18 63
13	1 50	43	4 95	73	8 40	03	11 85	33	15 30	63	18 75
14	1 61	44	5 06	74	8 51	04	11 96	34	15 41	64	18 86
15	1 73	45	5 18	75	8 63	05	12 08	35	15 53	65	18 98
16	1 84	46	5 29	76	8 74	06	12 19	36	15 64	66	19 09
17	1 96	47	5 41	77	8 86	07	12 31	37	15 76	67	19 21
18	2 07	48	5 52	78	8 97	08	12 42	38	15 87	68	19 32
19	2 19	49	5 64	79	9 09	09	12 54	39	15 99	69	19 44
20	2 30	50	5 75	80	9 20	10	12 65	40	16 10	70	19 55
0 21	2 42	0 51	5 87	0 81	9 32	1 11	12 77	1 41	16 22	1 71	19 67
22	2 53	52	5 98	82	9 43	12	12 88	42	16 33	72	19 78
23	2 65	53	6 10	83	9 55	13	13 00	43	16 4	73	19 90
24	2 76	54	6 21	84	9 66	14	13 11	44	16 56	74	20 01
25	2 88	55	6 33	85	9 78	15	13 23	45	68	75	20 13
26	2 99	56	6 44	86	9 89	16	13 34	46	16 79	76	20 24
27	3 11	57	6 56	87	10 01	17	13 46	47	16 91	77	20 36
28	3 22	58	6 67	88	10 12	18	13 57	48	17 02	78	20 47
29	3 34	59	6 79	89	10 24	19	13 69	49	17 14	79	20 59
30	3 45	60	6 90	90	10 35	20	13 80	50	17 25	80	20 70

QUANTITÉS	Droit	QUANTITÉS	Droit	QUANTITÉS	Droit	QUANTITÉS	Droit	QUANTITÉS	Droit	QUANTITÉS	Droit
lit. c.	fr. c.	lit. c.	fr. c.	lit. c.	fr. c.	lit. c.	fr. c.	lit. c.	fr. c.	lit. c.	fr. c.
1 81	20 82	2 41	27 72	3 01	34 62	3 61	41 52	4 21	48 42	4 81	55 32
82	20 93	42	27 83	02	34 73	62	41 63	22	48 53	82	55 43
83	21 05	43	27 95	03	34 85	63	41 75	23	48 65	83	55 55
84	21 16	44	28 06	04	34 96	64	41 86	24	48 76	84	55 66
85	21 28	45	28 18	05	35 08	65	41 98	25	48 88	85	55 78
86	21 39	46	28 29	06	35 19	66	42 09	26	48 99	86	55 89
87	21 51	47	28 41	07	35 31	67	42 21	27	49 11	87	56 01
88	21 62	48	28 52	08	35 42	68	42 32	28	49 22	88	56 12
89	21 74	49	28 64	09	35 54	69	42 44	29	49 34	89	56 24
90	21 85	50	28 75	10	35 65	70	42 55	30	49 45	90	5 6 35
1 91	21 97	2 51	28 87	3 11	35 77	3 71	42 67	4 31	49 57	491	56 47
92	22 08	52	28 98	12	35 88	72	42 78	32	49 68	92	56 58
93	22 20	53	29 10	13	36 00	73	42 90	33	49 80	93	56 70
94	22 31	54	29 21	14	36 11	74	43 01	34	49 91	94	56 81
95	22 43	55	29 33	15	36 23	75	43 13	35	50 03	95	56 93
96	22 54	56	29 44	16	36 34	76	43 24	36	50 14	96	57 04
97	22 66	57	29 56	17	36 46	77	43 36	37	50 26	97	57 16
98	22 77	58	29 67	18	36 57	78	43 47	38	50 37	98	57 27
99	22 89	59	29 79	19	36 69	78	43 59	39	50 49	99	57 39
2 00	23 00	60	29 90	20	36 80	80	43 70	40	50 60	5 00	57 50
2 01	23 12	2 61	30 02	3 21	36 92	3 81	43 82	4 41	50 72	5 01	57 62
02	23 23	62	30 13	22	37 03	82	43 93	42	50 83	02	57 73
03	23 35	63	30 25	23	37 15	83	44 05	43	50 95	03	58 85
04	23 46	64	30 36	24	37 26	84	44 16	44	51 06	04	57 96
05	23 58	65	30 48	25	37 38	85	44 28	45	51 18	05	58 08
06	23 69	66	30 59	26	37 49	86	44 39	46	51 29	06	58 19
07	23 81	67	30 71	27	37 61	87	44 51	47	51 41	07	58 31
08	23 92	68	30 82	28	37 72	88	44 62	48	51 52	08	58 42
09	24 04	69	30 94	29	37 84	89	44 74	49	51 64	09	58 54
10	24 15	70	31 05	30	37 95	90	44 85	50	51 75	10	58 65
2 11	24 27	2 71	31 17	3 31	38 07	3 91	44 97	4 51	51 87	5 11	58 77
12	24 38	72	31 28	32	38 18	92	45 08	52	51 98	12	58 88
13	24 50	73	31 40	33	38 30	93	45 20	53	52 10	13	59 00
14	24 61	74	31 51	34	38 41	94	45 31	54	52 21	14	59 11
15	24 73	75	31 63	35	38 53	95	45 43	55	52 33	15	59 23
16	24 84	76	31 74	36	38 64	96	45 54	56	52 44	16	59 34
17	24 96	77	31 86	37	38 76	97	45 66	57	52 56	17	59 46
18	25 07	78	31 97	38	38 87	98	45 77	58	52 67	18	59 57
19	25 19	79	32 09	39	38 99	99	45 89	59	52 79	19	59 69
20	25 30	80	32 20	40	39 10	4 00	46 00	60	52 90	20	59 80
2 21	25 42	2 81	32 32	3 41	39 22	4 01	46 12	4 61	53 02	5 21	50 02
22	25 53	82	32 43	42	39 33	02	46 23	62	53 13	22	60 03
23	25 65	83	32 55	43	39 45	03	46 35	63	53 25	23	60 15
24	25 76	84	32 66	44	39 56	04	46 46	64	53 36	24	60 26
25	25 88	85	32 78	45	39 68	05	46 58	65	53 48	25	60 38
26	25 99	86	32 89	46	39 79	06	46 69	66	53 59	26	60 49
27	26 11	87	33 01	47	39 91	07	46 81	67	53 71	27	60 61
28	26 22	88	33 12	48	40 02	08	46 92	68	53 82	28	60 72
29	26 34	89	33 24	49	40 14	09	47 04	69	53 94	29	60 84
30	26 45	90	33 35	50	40 25	10	47 15	70	54 05	30	60 95
2 31	26 57	2 91	33 47	3 51	40 37	4 11	47 27	4 71	54 17	5 31	61 07
32	26 68	92	33 58	52	40 48	12	47 38	72	54 28	32	61 18
33	26 80	93	33 70	53	40 60	13	47 50	73	54 40	33	61 30
34	26 91	94	33 81	54	40 71	14	47 61	74	54 51	34	61 41
35	27 03	95	33 93	55	40 83	15	47 73	75	54 63	35	61 53
36	27 14	96	34 04	56	40 94	16	47 84	76	54 74	36	61 64
37	27 26	97	34 16	57	41 06	17	47 96	77	54 86	37	61 76
38	27 37	98	34 27	58	41 17	18	48 07	78	54 97	38	61 87
39	27 49	99	34 39	59	41 29	19	48 19	79	55 09	39	61 99
40	27 60	3 00	34 50	60	41 40	20	48 30	80	55 20	40	62 10

QUANTITÉS lit. c.	Droit fr. c.	QUANTITÉS lit. c.	Droit fr. c.	QUANTITÉS lit. c.	Droit fr. c.	QUANTITÉS lit. c.	Droit fr. c.	QUANTITÉS lit. c.	Droit fr. c.	QUANTITÉS lit. c.	Droit fr. c.
5 41	62 22	6 01	69 12	6 61	76 02	7 21	82 92	7 81	89 82	8 41	96 72
42	62 33	02	69 23	62	76 13	22	83 03	82	89 93	42	96 83
43	62 45	03	69 35	63	76 25	23	83 15	83	90 05	43	96 95
44	62 56	04	69 46	64	76 36	24	83 26	84	90 16	44	97 06
45	62 68	05	69 58	65	76 48	25	83 38	85	90 28	45	97 18
46	62 79	06	69 69	66	76 59	26	83 49	86	90 39	46	97 29
47	62 91	07	69 81	67	76 71	27	83 61	87	90 51	47	97 41
48	63 02	08	69 92	68	76 82	28	83 72	88	90 62	48	97 52
49	63 14	09	70 04	69	76 94	29	83 84	89	90 74	49	97 64
50	63 25	10	70 15	70	77 05	30	83 95	90	90 85	50	97 75
5 51	63 37	6 11	70 27	6 71	77 17	7 31	84 07	7 91	90 97	8 51	97 87
52	63 48	12	70 38	72	77 28	32	84 18	92	91 08	52	97 98
53	63 60	13	70 50	73	77 40	33	84 30	93	91 20	53	98 10
54	63 71	14	70 61	74	77 51	34	84 41	94	91 31	54	98 21
55	63 83	15	70 73	75	77 63	35	84 53	95	91 43	55	98 33
56	33 94	16	70 84	76	77 74	36	84 64	96	91 54	56	98 44
57	64 06	17	70 96	77	77 86	37	84 76	97	91 66	57	98 56
58	64 17	18	71 07	78	77 97	38	84 87	98	91 77	58	98 67
59	64 29	19	71 19	79	78 09	39	84 99	99	91 89	59	98 79
60	64 40	20	71 30	80	78 20	40	85 10	8 00	92 00	60	98 90
5 61	64 52	6 21	71 42	6 81	78 32	7 41	85 22	8 01	92 12	8 61	99 02
62	64 63	22	71 53	82	78 43	42	85 33	02	92 23	62	99 13
63	64 75	23	71 65	83	78 55	43	85 45	03	92 35	63	99 25
64	64 86	24	71 76	84	78 66	44	85 66	04	92 46	64	99 36
65	64 98	25	71 88	85	78 78	45	85 68	05	92 58	65	99 48
66	65 09	26	71 99	86	78 89	46	85 79	06	92 69	66	99 59
67	65 21	27	72 11	87	79 01	47	85 91	07	92 81	67	99 71
68	65 32	28	72 22	88	79 12	48	86 02	08	92 92	68	99 82
69	65 44	29	72 34	89	79 24	49	86 14	09	93 04	69	99 94
70	65 55	30	72 45	90	79 35	50	86 25	10	93 15	70	100 05
5 71	65 67	6 31	72 57	6 91	79 47	7 51	86 37	8 11	93 27	8 71	100 17
72	65 78	32	72 68	92	79 58	52	86 48	12	93 38	72	100 28
73	65 90	33	72 80	93	79 70	53	86 60	13	93 50	73	100 40
74	66 01	34	72 91	94	79 81	54	86 71	14	93 61	74	100 51
75	66 13	35	73 03	95	79 93	55	86 83	15	93 73	75	100 63
76	66 24	36	73 14	96	80 04	56	86 94	16	93 84	76	100 74
77	66 36	37	73 26	97	80 16	57	87 06	17	93 96	77	100 86
78	66 47	38	73 37	98	80 27	58	87 17	18	94 07	78	100 97
79	66 59	39	73 49	99	80 39	59	87 29	19	94 19	79	101 09
80	66 70	40	73 60	7 00	80 50	60	87 40	20	94 30	80	101 20
5 81	66 82	6 41	73 72	7 01	80 62	7 61	87 52	8 21	94 42	8 81	101 32
82	66 93	42	73 83	02	80 73	62	87 63	22	94 53	82	101 43
83	67 05	43	73 95	03	80 85	63	87 75	23	94 65	83	101 55
84	67 16	44	74 06	04	80 96	64	87 86	24	94 76	84	101 66
85	67 28	45	74 18	05	81 08	65	87 98	25	94 88	85	101 78
86	67 39	46	74 29	06	81 19	66	88 09	26	94 99	86	101 89
87	67 51	47	74 41	07	81 31	67	88 21	27	95 11	87	102 01
88	67 62	48	74 52	08	81 42	68	88 32	28	95 22	88	102 12
89	67 74	49	74 64	09	81 54	69	88 44	29	95 34	89	102 24
90	67 85	50	74 75	10	81 65	70	88 55	30	95 45	90	102 35
5 91	67 97	6 51	74 87	7 11	81 77	7 71	88 67	8 31	95 57	8 91	102 47
92	68 08	52	74 98	12	81 88	72	88 78	32	95 68	92	102 58
93	68 20	53	75 10	13	82 00	73	88 90	33	95 80	93	102 70
94	68 31	54	75 21	14	82 11	74	89 01	34	95 91	94	102 81
95	68 43	55	75 33	15	82 23	75	89 13	35	96 03	95	102 93
96	68 54	56	75 44	16	82 34	76	89 24	36	96 14	96	103 04
97	68 66	57	75 56	17	82 46	77	89 36	37	96 26	97	103 16
98	68 77	58	75 67	18	82 57	78	89 47	38	96 37	98	103 27
99	68 89	59	75 79	19	82 69	79	89 59	39	96 49	99	103 39
6 00	69 00	60	75 90	20	82 80	80	89 70	40	96 60	00	103 50

Quantités (lit. c.)	Droit (fr. c.)	Quantités (lit. c.)	Droit (fr. c.)	de 11 litres à 100 litres — Quantités (lit.)	Sommes (fr.)	Quantités (lit.)	Sommes (fr.)	HECTOLITRES — Quantités (hectol)	Sommes (fr.)
9 01	103 62	9 61	110 52	11	126 50	71	816 50	1	1.150 »
02	103 73	62	110 63	12	138 »	72	828 »	2	2.300 »
03	103 85	63	110 75	13	149 50	73	839 50	3	3.450 »
04	103 96	64	110 86	14	161 »	74	851 »	4	4.600 »
05	104 08	65	110 98	15	172 50	75	862 50	5	5.750 »
06	104 19	66	111 09	16	184 »	76	874 »	6	6.900 »
07	104 31	67	111 21	17	195 50	77	885 50	7	8.050 »
08	104 42	68	111 32	18	207 »	78	897 »	8	9.200 »
09	104 54	69	111 44	19	218 50	79	908 50	9	10.350 »
10	104 65	70	111 55	20	230 »	80	920 »	10	11.500 »
9 11	104 77	9 71	111 67	21	241 50	81	931 50	11	12.650 »
12	104 88	72	111 78	22	253 »	82	943 »	12	13.800 »
13	105 00	73	111 90	23	264 50	83	954 50	13	14.950 »
14	105 11	74	112 01	24	276 »	84	966 »	14	16.100 »
15	105 23	75	112 13	25	287 50	85	977 50	15	17.250 »
16	105 34	76	112 24	26	299 »	86	989 »	16	18.400 »
17	105 46	77	112 36	27	310 50	87	1 000 50	17	19.550 »
18	105 57	78	112 47	28	322 »	88	1 012 »	18	20.700 »
19	105 69	79	112 59	29	333 50	89	1 023 50	19	21.850 »
20	105 80	80	112 70	30	345 »	90	1 035 »	20	23.000 »
9 21	105 92	9 81	112 82	31	356 50	91	1 046 50	21	24.150 »
22	106 03	82	112 93	32	368 »	92	1 058 »	22	25.300 »
23	106 15	83	113 05	33	379 50	93	1 069 50	23	26.450 »
24	106 26	84	113 16	34	391 »	94	1 081 »	24	27.600 »
25	106 38	85	113 28	35	402 50	95	1 092 50	25	28.750 »
26	106 49	86	113 39	36	414 »	96	1 104 »	26	29.900 »
27	106 61	87	113 51	37	425 50	97	1 115 50	27	31.050 »
28	106 72	88	113 62	38	437 »	98	1 127 »	28	32.200 »
29	106 84	89	113 74	39	448 50	99	1 138 50	29	33.350 »
30	106 95	90	113 85	40	460 »	100	1 150 »	30	34.500 »
9 31	107 07	9 91	113 97	41	471 50			31	35.650 »
32	107 18	92	114 08	42	483 »			32	36.800 »
33	107 30	93	114 20	43	494 50			33	37.950 »
34	107 41	94	114 31	44	506 »			34	39.100 »
35	107 53	95	114 43	45	517 50			35	40.250 »
36	107 64	96	114 54	46	529 »			36	41.400 »
37	107 76	97	114 66	47	540 50			37	42.550 »
38	107 87	98	114 77	48	552 »			38	43.700 »
39	107 99	99	114 89	49	563 50			39	44.850 »
40	108 10	10 00	115 00	50	575 »			40	46.000 »
9 41	108 22			51	586 50			41	47.150 »
42	108 33			52	598 »			42	48.300 »
43	108 45			53	609 50			43	49.450 »
44	108 56			54	621 »			44	50.600 »
45	108 68			55	632 50			45	51.750 »
46	108 79			56	644 »			46	52.900 »
47	108 91			57	655 50			47	54.050 »
48	109 02			58	667 »			48	55.200 »
49	109 14			59	678 50			49	56.350 »
50	109 25			60	690 »			50	57.500 »
9 51	109 37			61	701 50				
52	109 48			62	713 »				
53	109 60			63	724 50				
54	109 71			64	736 »				
55	109 83			65	747 50				
56	109 94			66	759 »				
57	110 06			67	770 50				
58	110 17			68	782 »				
59	110 29			69	793 50				
60	110 40			70	805 »				

DROITS PERÇUS SUR LES VINS

(EN CERCLES OU EN BOUTEILLES)

à 15 fr. par hectolitre

Les tableaux ci-dessous donnent le montant des droits depuis 1 litre jusqu'à 5 hectol. et celui pour 6, 7, 8, 9 et 10 hectolitres.

Pour un chiffre supérieur à cinq hectolitres et comprenant des fractions, il suffira d'ajouter au montant des droits du nombre entier d'hectolitres celui afférent aux fractions.

Ainsi pour **657** litres de vin :

Les droits de **6** hectolitres sont de **90 fr.** . . . . } **98 fr. 55**
Les droits de **0** hectolitre **57** sont de **8 fr. 55** . . . . . }

QUANTITÉS	DROITS à 15 francs.	QUANTITÉS	DROITS à 15 francs.	QUANTITÉS	DROITS à 15 francs.	QUANTITÉS	DROITS à 15 francs.
hect. lit.	fr. c.	hect. lit.	fr. c.	hect. lit.	fr. c.	hect. lit.	fr. c.
0 01	0 15	0 31	4 65	0 61	9 15	0 91	13 65
0 02	0 30	0 32	4 80	0 62	9 30	0 92	13 80
0 03	0 45	0 33	4 95	0 63	9 45	0 93	13 95
0 04	0 60	0 34	5 10	0 64	9 60	0 94	14 10
0 05	0 75	0 35	5 25	0 65	9 75	0 95	14 25
0 06	0 90	0 36	5 40	0 66	9 90	0 96	14 40
0 07	1 05	0 37	5 55	0 67	10 05	0 97	14 55
0 08	1 20	0 38	5 70	0 68	10 20	0 98	14 70
0 09	1 35	0 39	5 85	0 69	10 35	0 99	14 85
0 10	1 50	0 40	6 00	0 70	10 50	1 00	15 00
0 11	1 65	0 41	6 15	0 71	10 65	1 01	15 15
0 12	1 80	0 42	6 30	0 72	10 80	1 02	15 30
0 13	1 95	0 43	6 45	0 73	10 95	1 03	15 45
0 14	2 10	0 44	6 60	0 74	11 10	1 04	15 60
0 15	2 25	0 45	6 75	0 75	11 25	1 05	15 75
0 16	2 40	0 46	6 90	0 76	11 40	1 06	15 90
0 17	2 55	0 47	7 05	0 77	11 55	1 07	16 05
0 18	2 70	0 48	7 20	0 78	11 70	1 08	16 20
0 19	2 85	0 49	7 35	0 79	11 85	1 09	16 35
0 20	3 00	0 50	7 50	0 80	12 00	1 10	16 50
0 21	3 15	0 51	7 65	0 81	12 15	1 11	16 65
0 22	3 30	0 52	7 80	0 82	12 30	1 12	16 80
0 23	3 45	0 53	7 95	0 83	12 45	1 13	16 95
0 24	3 60	0 54	8 10	0 84	12 60	1 14	17 10
0 25	3 75	0 55	8 25	0 85	12 75	1 15	17 25
0 26	3 90	0 56	8 40	0 86	12 90	1 16	17 40
0 27	4 05	0 57	8 55	0 87	13 05	1 17	17 55
0 28	4 20	0 58	8 70	0 88	13 20	1 18	17 70
0 29	4 35	0 59	8 85	0 89	13 35		17 85
0 30	4 50	0 60	9 00	0 90	13 50		18 00

QUANTITÉS	DROITS à 15 francs.	QUANTITÉS	DROITS à 15 francs.	QUANTITÉS	DROITS à 15 francs.	QUANTITÉS	DROITS à 15 francs.
hect. lit.	fr. c.	hect. lit.	fr. c.	hect. lit	fr. c.	hect. lit.	fr. c.
1 21	18 15	1 71	25 65	2 21	33 15	2 71	40 65
1 22	18 30	1 72	25 80	2 22	33 30	2 72	40 80
1 23	18 45	1 73	25 95	2 23	33 45	2 73	40 95
1 24	18 60	1 74	26 10	2 24	33 60	2 74	41 10
1 25	18 75	1 75	26 25	2 25	33 75	2 75	41 25
1 26	18 90	1 76	26 40	2 26	33 90	2 76	41 40
1 27	19 05	1 77	26 55	2 27	34 05	2 77	41 55
1 28	19 20	1 78	26 70	2 28	34 20	2 78	41 70
1 29	19 35	1 79	26 85	2 29	34 35	2 79	41 85
1 30	19 50	1 80	27 00	2 30	34 50	2 80	42 00
1 31	19 65	1 81	27 15	2 31	34 65	2 81	42 15
1 32	19 80	1 82	27 30	2 32	34 80	2 82	42 30
1 33	19 95	1 83	27 45	2 33	34 95	2 83	42 45
1 34	20 10	1 84	27 60	2 34	35 10	2 84	42 60
1 35	20 25	1 85	27 75	2 35	35 25	2 85	42 75
1 36	20 40	1 86	27 90	2 36	35 40	2 86	42 90
1 37	20 55	1 87	28 05	2 37	35 55	2 87	43 05
1 38	20 70	1 88	28 20	2 38	35 70	2 88	43 20
1 39	20 85	1 89	28 35	2 39	35 85	2 89	43 35
1 40	21 00	1 90	28 50	2 40	36 00	2 90	43 50
1 41	21 15	1 91	28 65	2 41	36 15	2 91	43 65
1 42	21 30	1 92	28 80	2 42	36 30	2 92	43 80
1 43	21 45	1 93	28 95	2 43	36 45	2 93	43 95
1 44	21 60	1 94	29 10	2 44	36 60	2 94	44 10
1 45	21 75	1 95	29 25	2 45	36 75	2 95	44 25
1 46	21 90	1 96	29 40	2 46	36 90	2 96	44 40
1 47	22 05	1 97	29 55	2 47	37 05	2 97	44 55
1 48	22 20	1 98	29 70	2 48	37 20	2 98	44 70
1 49	22 35	1 99	29 85	2 49	37 35	2 99	44 85
1 50	22 50	2 00	30 00	2 50	37 50	3 00	45 00
1 51	22 65	2 01	30 15	2 51	37 65	3 01	45 15
1 52	22 80	2 02	30 30	2 52	37 80	3 02	45 30
1 53	22 95	2 03	30 45	2 53	37 95	3 03	45 45
1 54	23 10	2 04	30 60	2 54	38 10	3 04	45 60
1 55	23 25	2 05	30 75	2 55	38 25	3 05	45 75
1 56	23 40	2 06	30 90	2 56	38 40	3 06	45 90
1 57	23 55	2 07	31 05	2 57	38 55	3 07	46 05
1 58	23 70	2 08	31 20	2 58	38 70	3 08	46 20
1 59	23 85	2 09	31 35	2 59	38 85	3 09	46 35
1 60	24 00	2 10	31 50	2 60	39 00	3 10	46 50
1 61	24 15	2 11	31 65	2 61	39 15	3 11	46 65
1 62	24 30	2 12	31 80	2 62	39 30	3 12	46 80
1 63	24 45	2 13	31 95	2 63	39 45	3 13	46 95
1 64	24 60	2 14	32 10	2 64	39 60	3 14	47 10
1 65	24 75	2 15	32 25	2 65	39 75	3 15	47 25
1 66	24 90	2 16	32 40	2 66	39 90	3 16	47 40
1 67	25 05	2 17	32 55	2 67	40 05	3 17	47 55
1 68	25 20	2 18	32 70	2 68	40 20	3 18	47 70
1 69	25 35	2 19	32 85	2 69	40 35	3 19	47 85
1 70	25 50	2 20	33 00	2 70	40 50	3 20	48 00

QUANTITÉS	DROITS à 15 francs.		QUANTITÉS	DROITS à 15 francs.		QUANTITÉS	DROITS à 15 francs.		QUANTITÉS	DROITS à 15 francs.	
hect. lit.	fr.	c.	hect. lit.	fr.	c.	hect. lit.	fr.	c.	hect. lit.	fr.	c.
3 21	48	15	3 71	55	65	4 21	63	15	4 71	70	65
3 22	48	30	3 72	55	80	4 22	63	30	4 72	70	80
3 23	48	45	3 73	55	95	4 23	63	45	4 73	70	95
3 24	48	60	3 74	56	10	4 24	63	60	4 74	71	10
3 25	48	75	3 75	56	25	4 25	63	75	4 75	71	25
3 26	48	90	3 76	56	40	4 26	63	90	4 76	71	40
3 27	49	05	3 77	56	55	4 27	64	05	4 77	71	55
3 28	49	20	3 78	56	70	4 28	64	20	4 78	71	70
3 29	49	35	3 79	56	85	4 29	64	35	4 79	71	85
3 30	49	50	3 80	57	00	4 30	64	50	4 80	72	00
3 31	49	65	3 81	57	15	4 31	64	65	4 81	72	15
3 32	49	80	3 82	57	30	4 32	64	80	4 82	72	30
3 33	49	95	3 83	57	45	4 33	64	95	4 83	72	45
3 34	50	10	3 84	57	60	4 34	65	10	4 84	72	60
3 35	50	25	3 85	57	75	4 35	65	25	4 85	72	75
3 36	50	40	3 86	57	90	4 36	65	40	4 86	72	90
3 37	50	55	3 87	58	05	4 37	65	55	4 87	73	05
3 38	50	70	3 88	58	20	4 38	65	70	4 88	73	20
3 39	50	85	3 89	58	35	4 39	65	85	4 89	73	35
3 40	51	00	3 90	58	50	4 40	66	00	4 90	73	50
3 41	51	15	3 91	58	65	4 41	66	15	4 91	73	65
3 42	51	30	3 92	58	80	4 42	66	30	4 92	73	80
3 43	51	45	3 93	58	95	4 43	66	45	4 93	73	95
3 44	51	60	3 94	59	10	4 44	66	60	4 94	74	10
3 45	51	75	3 95	59	25	4 45	66	75	4 95	74	25
3 46	51	90	3 96	59	40	4 46	66	90	4 96	74	40
3 47	52	05	3 97	59	55	4 47	67	05	4 97	74	55
3 48	52	20	3 98	59	70	4 48	67	20	4 98	74	70
3 49	52	35	3 99	59	85	4 49	67	35	4 99	74	85
3 50	52	50	4 00	60	00	4 50	67	50	5 00	75	00
3 51	52	65	4 01	60	15	4 51	67	65			
3 52	52	80	4 02	60	30	4 52	67	80			
3 53	52	95	4 03	60	45	4 53	67	95	6 00	90	»
3 54	53	10	4 04	60	60	4 54	68	10	7 00	105	»
3 55	53	25	4 05	60	75	4 55	68	25	8 00	120	»
3 56	53	40	4 06	60	90	4 56	68	40	9 00	135	»
3 57	53	55	4 07	61	05	4 57	68	55	10 00	150	»
3 58	53	70	4 08	61	20	4 58	68	70			
3 59	53	85	4 09	61	35	4 59	68	85			
3 60	54	00	4 10	61	50	4 60	69	00			
3 61	54	15	4 11	61	65	4 61	69	15			
3 62	54	30	4 12	61	80	4 62	69	30			
3 63	54	45	4 13	61	95	4 63	69	45			
3 64	54	60	4 14	62	10	4 64	69	60			
3 65	54	75	4 15	62	25	4 65	69	75			
3 66	54	90	4 16	62	40	4 66	69	90			
3 67	55	05	4 17	62	55	4 67	70	05			
3 68	55	20	4 18	62	70	4 68	70	20			
3 69	55	35	4 19	62	85	4 69	70	35			
3 70	55	50	4 20	63	00	4 70	70	50			

DROITS PERÇUS SUR LES CIDRES

POIRÉS ET HYDROMELS

à 7 fr. 50 par hectolitre

QUANTITÉS	DROITS à 7 fr. 50	QUANTITÉS	DROITS à 7 fr. 50	QUANTITÉ	DROITS à 7 fr. 50	QUANTIT	DROITS à 7 fr. 50
hect. lit.	fr. c.	hect. lit.	fr. c.	hect. lit.	fr. c.	hect. lit.	fr. c.
0 01	0 08	0 41	3 08	0 81	6 08	1 21	9 08
0 02	0 15	0 42	3 15	0 82	6 15	1 22	9 15
0 03	0 23	0 43	3 23	0 83	6 23	1 23	9 23
0 04	0 30	0 44	3 30	0 84	6 30	1 24	9 30
0 05	0 38	0 45	3 38	0 85	6 38	1 25	9 38
0 06	0 45	0 46	3 45	0 86	6 45	1 26	9 45
0 07	0 53	0 47	3 53	0 87	6 53	1 27	9 53
0 08	0 60	0 48	3 60	0 88	6 60	1 28	9 60
0 09	0 68	0 49	3 68	0 89	6 68	1 29	9 68
0 10	0 75	0 50	3 75	0 90	6 75	1 30	9 75
0 11	0 83	0 51	3 83	0 91	6 83	1 31	9 83
0 12	0 90	0 52	3 90	0 92	6 90	1 32	9 90
0 13	0 98	0 53	3 98	0 93	6 98	1 33	9 98
0 14	1 05	0 54	4 05	0 94	7 05	1 34	10 05
0 15	1 13	0 55	4 13	0 95	7 13	1 35	10 13
0 16	1 20	0 56	4 20	0 96	7 20	1 36	10 20
0 17	1 28	0 57	4 28	0 97	7 28	1 37	10 28
0 18	1 35	0 58	4 35	0 98	7 35	1 38	10 35
0 19	1 43	0 59	4 43	0 99	7 43	1 39	10 43
0 20	1 50	0 60	4 50	1 00	7 50	1 40	10 50
0 21	1 58	0 61	4 58	1 01	7 58	1 41	10 58
0 22	1 65	0 62	4 65	1 02	7 65	1 42	10 65
0 23	1 73	0 63	4 73	1 03	7 73	1 43	10 73
0 24	1 80	0 64	4 80	1 04	7 80	1 44	10 80
0 25	1 88	0 65	4 88	1 05	7 88	1 45	10 88
0 26	1 95	0 66	4 95	1 06	7 95	1 46	10 95
0 27	2 03	0 67	5 03	1 07	8 03	1 47	11 03
0 28	2 10	0 68	5 10	1 08	8 10	1 48	11 10
0 29	2 18	0 69	5 18	1 09	8 18	1 49	11 18
0 30	2 25	0 70	5 25	1 10	8 25	1 50	11 25
0 31	2 33	0 71	5 33	1 11	8 33	1 51	11 33
0 32	2 40	0 72	5 40	1 12	8 40	1 52	11 40
0 33	2 48	0 73	5 48	1 13	8 48	1 53	11 48
0 34	2 55	0 74	5 55	1 14	8 55	1 54	11 55
0 35	2 63	0 75	5 63	1 15	8 63	1 55	11 63
0 36	2 70	0 76	5 70	1 16	8 70	1 56	11 70
0 37	2 78	0 77	5 78	1 17	8 78	1 57	11 78
0 38	2 85	0 78	5 85	1 18	8 85	1 58	11 85
0 39	2 93	0 79	5 93	1 19	8 93	1 59	11 93
0 40	3 00	0 80	6 00	1 20	9 00	1 60	12 00

QUANTITÉS	DROITS à 7 fr. 50	QUANTITÉS	DROITS à 7 fr. 50	QUANTITÉS	DROITS à 7 fr. 50	QUANTITÉS	DROITS à 7 fr. 50
hect. lit.	fr. c.	hect. lit.	fr. c.	hect. lit.	fr. c.	hect. lit.	fr. c.
1 61	12 08	2 11	15 83	2 61	19 58	3 11	23 33
1 62	12 15	2 12	15 90	2 62	19 65	3 12	23 40
1 63	12 23	2 13	15 98	2 63	19 73	3 13	23 48
1 64	12 30	2 14	16 05	2 64	19 80	3 14	23 55
1 65	12 38	2 15	16 13	2 65	19 88	3 15	23 63
1 66	12 45	2 16	16 20	2 66	19 95	3 16	23 70
1 67	12 53	2 17	16 28	2 67	20 03	3 17	23 78
1 68	12 60	2 18	16 35	2 68	20 10	3 18	23 85
1 69	12 68	2 19	16 43	2 69	20 18	3 19	23 93
1 70	12 75	2 20	16 50	2 70	20 25	3 20	24 00
1 71	12 83	2 21	16 58	2 71	20 33	3 21	24 08
1 72	12 90	2 22	16 65	2 72	20 40	3 22	24 15
1 73	12 98	2 23	16 73	2 73	20 48	3 23	24 23
1 74	13 05	2 24	16 80	2 74	20 55	3 24	24 30
1 75	13 13	2 25	16 88	2 75	20 63	3 25	24 38
1 76	13 20	2 26	16 95	2 76	20 70	3 26	24 45
1 77	13 28	2 27	17 03	2 77	20 78	3 27	24 53
1 78	13 35	2 28	17 10	2 78	20 85	3 28	24 60
1 79	13 43	2 29	17 18	2 79	20 93	3 29	24 68
1 80	13 50	2 30	17 25	2 80	21 00	3 30	24 75
1 81	13 58	2 31	17 33	2 81	21 08	3 31	24 83
1 82	13 65	2 32	17 40	2 82	21 15	3 32	24 90
1 83	13 73	2 33	17 48	2 83	21 23	3 33	24 98
1 84	13 80	2 34	17 55	2 84	21 30	3 34	25 05
1 85	13 88	2 35	17 63	2 85	21 38	3 35	25 13
1 86	13 95	2 36	17 70	2 86	21 45	3 36	25 20
1 87	14 03	2 37	17 78	2 87	21 53	3 37	25 28
1 88	14 10	2 38	17 85	2 88	21 60	3 38	25 35
1 89	14 18	2 39	17 93	2 89	21 68	3 39	25 43
1 90	14 25	2 40	18 00	2 90	21 75	3 40	25 50
1 91	14 33	2 41	18 08	2 91	21 83	3 41	25 58
1 92	14 40	2 42	18 15	2 92	21 90	3 42	25 65
1 93	14 48	2 43	18 23	2 93	21 98	3 43	25 73
1 94	14 55	2 44	18 30	2 94	22 05	3 44	25 80
1 95	14 63	2 45	18 38	2 95	22 13	3 45	25 88
1 96	14 70	2 46	18 45	2 96	22 20	3 46	25 95
1 97	14 78	2 47	18 53	2 97	22 28	3 47	26 03
1 98	14 85	2 48	18 60	2 98	22 35	3 48	26 10
1 99	14 93	2 49	18 68	2 99	22 43	3 49	26 18
2 00	15 00	2 50	18 75	3 00	22 50	3 50	26 25
2 01	15 08	2 51	18 83	3 01	22 58	3 51	26 33
2 02	15 15	2 52	18 90	3 02	22 65	3 52	26 40
2 03	15 23	2 53	18 98	3 03	22 73	3 53	26 48
2 04	15 30	2 54	19 05	3 04	22 80	3 54	26 55
2 05	15 38	2 55	19 13	3 05	22 88	3 55	26 63
2 06	15 45	2 56	19 20	3 06	22 95	3 56	26 70
2 07	15 53	2 57	19 28	3 07	23 03	3 57	26 78
2 08	15 60	2 58	19 35	3 08	23 10	3 58	26 85
2 09	15 68	2 59	19 43	3 09	23 18	3 59	26 93
2 10	15 75	2 60	19 50	3 10	23 25	3 60	27 00

QUANTITES	DROITS à 7 fr. 50		QUANTITES	DROITS à 7 fr. 50		QUANTITES	DROITS à 7 fr. 50		QUANTITES	DROITS à 7 fr. 50	
hect. lit.	fr.	c.	hect. lit.	fr.	c.	hect. lit.	fr.	c.	hect. lit.	fr.	c.
3 61	27	08	4 01	30	08	4 41	33	08	4 81	36	08
3 62	27	15	4 02	30	15	4 42	33	15	4 82	36	15
3 63	27	23	4 03	30	23	4 43	33	23	4 83	36	23
3 64	27	30	4 04	30	30	4 44	33	30	4 84	36	30
3 65	27	38	4 05	30	38	4 45	33	38	4 85	36	38
3 66	27	45	4 06	30	45	4 46	33	45	4 86	36	45
3 67	27	53	4 07	30	53	4 47	33	53	4 87	36	53
3 68	27	60	4 08	30	60	4 48	33	60	4 88	36	60
3 69	27	68	4 09	30	68	4 49	33	68	4 89	36	68
3 70	27	75	4 10	30	75	4 50	33	75	4 90	36	75
3 71	27	83	4 11	30	83	4 51	33	83	4 91	36	83
3 72	27	90	4 12	30	90	4 52	33	90	4 92	36	90
3 73	27	98	4 13	30	98	4 53	33	98	4 93	36	98
3 74	28	05	4 14	31	05	4 54	34	05	4 94	37	05
3 75	28	13	4 15	31	13	4 55	34	13	4 95	37	13
3 76	28	20	4 16	31	20	4 56	34	20	4 96	37	20
3 77	28	28	4 17	31	28	4 57	34	28	4 97	37	28
3 78	28	35	4 18	31	35	4 58	34	35	4 98	37	35
3 79	28	43	4 19	31	43	4 59	34	43	4 99	37	43
3 80	28	50	4 20	31	50	4 60	34	50	5 00	37	50
3 81	28	58	4 21	31	58	4 61	34	58			
3 82	28	65	4 22	31	65	4 62	34	65			
3 83	28	73	4 23	31	73	4 63	34	73	6 00	45	00
3 84	28	80	4 24	31	80	4 64	34	80	7 00	52	50
3 85	28	88	4 25	31	88	4 65	34	88	8 00	60	00
3 86	28	95	4 26	31	95	4 66	34	95	9 00	67	50
3 87	29	03	4 27	32	03	4 67	35	03	10 00	75	00
3 88	29	10	4 28	32	10	4 68	35	10			
3 89	29	18	4 29	32	18	4 69	35	18			
3 90	29	25	4 30	32	25	4 70	35	25			
3 91	29	33	4 31	32	33	4 71	35	33			
3 92	29	40	4 32	32	40	4 72	35	40			
3 93	29	48	4 33	32	48	4 73	35	48			
3 94	29	55	4 34	32	55	4 74	35	55			
3 95	29	63	4 35	32	63	4 75	35	63			
3 96	29	70	4 36	32	70	4 76	35	70			
3 97	29	78	4 37	32	78	4 77	35	78			
3 98	29	85	4 38	32	85	4 78	35	85			
3 99	29	93	4 39	32	93	4 79	35	93			
4 00	30	00	4 40	33	00	4 80	36	00			

TAXE DE LUXE

De 30 % sur la vente des spiritueux.

SOMME	30 %	SOMME	30 %	SOMME	30 %	SOMME	30 %
fr.	fr. c.	fr.	fr. c.	fr.	fr. c.	fr.	fr. c.
1	0 30	41	12 30	81	24 30	121	36 30
2	0 60	42	12 60	82	24 60	122	36 60
3	0 90	43	12 90	83	24 90	123	36 90
4	1 20	44	13 20	84	25 20	124	37 20
5	1 50	45	13 50	85	25 50	125	37 50
6	1 80	46	13 80	86	25 80	126	37 80
7	2 10	47	14 10	87	26 10	127	38 10
8	2 40	48	14 40	88	26 40	128	38 40
9	2 70	49	14 70	89	26 70	129	38 70
10	3 00	50	15 00	90	27 00	130	39 00
11	3 30	51	15 30	91	27 30	131	39 30
12	3 60	52	15 60	92	27 60	132	39 60
13	3 90	53	15 90	93	27 90	133	39 90
14	4 20	54	16 20	94	28 20	134	40 20
15	4 50	55	16 50	95	28 50	135	40 50
16	4 80	56	16 80	96	28 80	136	40 80
17	5 10	57	17 10	97	29 10	137	41 10
18	5 40	58	17 40	98	29 40	138	41 40
19	5 70	59	17 70	99	29 70	139	41 70
20	6 00	60	18 00	100	30 00	140	42 00
21	6 30	61	18 30	101	30 30	141	42 30
22	6 60	62	18 60	102	30 60	142	42 60
23	6 90	63	18 90	103	30 90	143	42 90
24	7 20	64	19 20	104	31 20	144	43 20
25	7 50	65	19 50	105	31 50	145	43 50
26	7 80	66	19 80	106	31 80	146	43 80
27	8 10	67	20 10	107	32 10	147	44 10
28	8 40	68	20 40	108	32 40	148	44 40
29	8 70	69	20 70	109	32 70	149	44 70
30	9 00	70	21 00	110	33 00	150	45 00
31	9 30	71	21 30	111	33 30	151	45 30
32	9 60	72	21 60	112	33 60	152	45 60
33	9 90	73	21 90	113	33 90	153	45 90
34	10 20	74	22 20	114	34 20	154	46 20
35	10 50	75	22 50	115	34 50	155	46 50
36	10 80	76	22 80	116	34 80	156	46 80
37	11 10	77	23 10	117	35 10	157	47 10
38	11 40	78	23 40	118	35 40	158	47 40
39	11 70	79	23 70	119	35 70	159	47 70
40	12 00	80	24 00	120	36 00	160	48 00

SOMME	30 %	SOMME	30 %	SOMME	30 %	SOMME	30 %
fr.	fr. c.	fr.	fr. c.	fr.	fr. c.	fr.	fr. c.
161	48 30	211	63 30	261	78 30	311	93 30
162	48 60	212	63 60	262	78 60	312	93 60
163	48 90	213	63 90	263	78 90	313	93 90
164	49 20	214	64 20	264	79 20	314	94 20
165	49 50	215	64 50	265	79 50	315	94 50
166	49 80	216	64 80	266	79 80	316	94 80
167	50 10	217	65 10	267	80 10	317	95 10
168	50 40	218	65 40	268	80 40	318	95 40
169	50 70	219	65 70	269	80 70	319	95 70
170	51 00	220	66 00	270	81 00	320	96 00
171	51 30	221	66 30	271	81 30	321	96 30
172	51 60	222	66 60	272	81 60	322	96 60
173	51 90	223	66 70	273	81 90	323	96 90
174	52 20	224	67 20	274	82 20	324	97 20
175	52 50	225	67 50	275	82 50	325	97 50
176	52 80	226	67 80	276	82 80	326	97 80
177	53 10	227	68 10	277	83 10	327	98 10
178	53 40	228	68 40	278	83 40	328	98 40
179	53 70	229	68 70	279	83 70	329	98 70
180	54 00	230	69 00	280	84 00	330	99 00
181	54 30	231	69 30	281	84 30	331	99 30
182	54 60	232	69 60	282	84 60	332	99 60
183	54 90	233	69 90	283	84 90	333	99 90
184	55 20	234	70 20	284	85 20	334	100 20
185	55 50	235	70 50	285	85 50	335	100 50
186	55 80	236	70 80	286	85 80	336	100 80
187	56 10	237	71 10	287	86 10	337	101 10
188	56 40	238	71 40	288	86 40	338	101 40
189	56 70	239	71 70	289	86 70	339	101 70
190	57 00	240	72 00	290	87 00	340	102 00
191	57 30	241	72 30	291	87 30	341	102 30
192	57 60	242	72 60	292	87 60	342	102 60
193	57 90	243	72 90	293	87 90	343	102 90
194	58 20	244	73 20	294	88 20	344	103 20
195	58 50	245	73 50	295	88 50	345	103 50
196	58 80	246	73 80	296	88 80	346	103 80
197	59 10	247	74 10	297	89 10	347	104 10
198	59 40	248	74 40	298	89 40	348	104 40
199	59 70	249	74 70	299	89 70	349	104 70
200	60 00	250	75 00	300	90 00	350	105 00
201	60 30	251	75 30	301	90 30	351	105 30
202	60 60	252	75 60	302	90 60	352	105 60
203	60 90	253	75 90	303	90 90	353	105 90
204	61 20	254	76 20	304	91 20	354	106 20
205	61 50	255	76 50	305	91 50	355	106 50
206	61 80	256	76 80	306	91 80	356	106 80
207	62 10	257	77 10	307	92 10	357	107 10
208	62 40	258	77 40	308	92 40	358	107 40
209	62 70	259	77 70	309	92 70	359	107 70
210	63 00	260	78 00	310	93 00	360	108 00

SOMME	30 %		SOMME	30 %		SOMME	30 %		SOMME	30 %	
fr.	fr.	c.	fr.	fr.	c.	fr.	fr.	c.	fr.	fr.	c.
361	108	30	401	120	30	441	132	30	481	144	30
362	108	60	402	120	60	442	132	60	482	144	60
363	108	90	403	120	90	443	132	90	483	144	90
364	109	20	404	121	20	444	133	20	484	145	20
365	109	50	405	121	50	445	133	50	485	145	50
366	109	80	406	121	80	446	133	80	486	145	80
367	110	10	407	122	10	447	134	10	487	146	10
368	110	40	408	122	40	448	134	40	488	146	40
369	110	70	409	122	70	449	134	70	489	146	70
370	111	00	410	123	00	450	135	00	490	147	00
371	111	30	411	123	30	451	135	30	491	147	30
372	111	60	412	123	60	452	135	60	492	147	60
373	111	90	413	123	90	453	135	90	493	147	90
374	112	20	414	124	20	454	136	20	494	148	20
375	112	50	415	124	50	455	136	50	495	148	50
376	112	80	416	124	80	456	136	80	496	148	80
377	113	10	417	125	10	457	137	10	497	149	10
378	113	40	418	125	40	458	137	40	498	149	40
379	113	70	419	125	70	459	137	70	499	149	70
380	114	00	420	126	00	460	138	00	500	150	00
381	114	30	421	126	30	461	138	30			
382	114	60	422	126	60	462	138	60			
383	114	90	423	126	90	463	138	90			
384	115	20	424	127	20	464	139	20			
385	115	50	425	127	50	465	139	50			
386	115	80	426	127	80	466	139	80			
387	116	10	427	128	10	467	140	10			
388	116	40	428	128	40	468	140	40			
389	116	70	429	128	70	469	140	70			
390	117	00	430	129	00	470	141	00			
391	117	30	431	129	30	471	141	30			
392	117	60	432	129	60	472	141	60			
393	117	90	433	129	90	473	141	90			
394	118	20	434	130	20	474	142	20			
395	118	50	435	130	50	475	142	50			
396	118	80	436	130	80	476	142	80			
397	119	10	437	131	10	477	143	10			
398	119	40	438	131	40	478	143	40			
399	119	70	439	131	70	479	143	70			
400	120	00	440	132	00	480	144	00			

Librairie administrative P. OUDIN, à Poitiers

MANUEL DU RECEVEUR BURALISTE, contenant toutes les Instructions nécessaires pour la tenue d'une recette buraliste et un résumé de contentieux à l'usage des recettes buralistes. Un vol. in-8°.

GUIDE PRATIQUE D'ALCOOMÉTRIE. Rapports du commerce des spiritueux avec la Régie, d'après la nouvelle législation : contenant tous les renseignements utiles sur l'expédition des alcools, les déclarations des poids et du degré réel ; sur les bascules et les alcoomètres, une instruction sur l'alcoométrie, les thermomètres, le pesage ; la table de la force réelle ; la table de la richesse en alcool calculée par dixième de degré ; l'usage de ces tables ; les règles du mouillage, de la réduction, du remontage ; la table de densité des mélanges d'eau et d'alcool absolu ; nouvelles tables de la richesse alcoolique des alcools dénaturés. Un vol. in-16 relié.

RECENSEMENTS ET DÉDUCTIONS. Comptes faits pour les recensements et les déductions à 3, 6, 7 et 8 %, traité de jaugeage, etc. Un vol. in-32 très portatif, avec reliure souple.

CARNET DE RECENSEMENT suivi d'un traité simple pour les épalements des vaisseaux en usage dans les brasseries et distilleries, par M. Esquilat. Un vol. in-12.

IMPRIMÉS ET REGISTRES A L'USAGE DU COMMERCE 

**REGISTRES D'ENTRÉES ET SORTIES. —
REGISTRES A SOUCHE DE DÉCLARATION** (demandes d'acquits ou congés). — **DEMANDES D'EXPÉDITION.
TOUS IMPRIMÉS A L'USAGE DU COMMERCE**

JAUGES EN ACIER ET ALUMINIUM
JAUGES EN BOIS

INSTRUMENTS D'ALCOOMÉTRIE
ALAMBICS D'ESSAI. — ÉBULLIOMÈTRES.